LA MUETTE.

PARIS. — IMPRIMERIE DE FAIN, RUE RACINE, N°. 4,
PLACE DE L'ODÉON.

LA MUETTE,

PANTOMIME DIALOGUÉE,

MÊLÉE DE DANSES ET COMBATS,

EN TROIS TABLEAUX;

PAR M. DE R....

MUSIQUE ARRANGÉE PAR M. BOSISIO. — MISE EN SCÈNE PAR M. AUGUSTE. — BALLET DE M. GODET.

Représentée pour la première fois, sur le théâtre Forain du Luxembourg, le jeudi 17 avril 1828.

PARIS.

CHEZ J.-N. BARBA, ÉDITEUR-PROPRIÉTAIRE
DES ŒUVRES DE PIGAULT-LEBRUN, PICARD ET ALEX. DUVAL,
DES FONTAINES, N°. 7,
ET A[illegible]SIN DE PIÈCES DE THÉATRE,
RUE SAINT-H[illegible]É, N°. 210, EN FACE LE CAFÉ DE LA RÉGENCE.

1828.

Personnages.	Acteurs.
	MM.
LE COMTE DE SORENTO, seigneur sicilien.	Dauvergne.
LE DUC DE PALZY, chevalier inconnu. . . .	L. Clairville.
LORENZO, gouverneur du château de Sorento.	Auguste.
ALBANO, ami du comte de Sorento.	Félix.
BABYLAS, jeune tyrolien, espèce de bouffon attaché au service du comte de Sorento.	Francis.
GONZALVO, } jeunes villageois, amis de Babylas.	Choisy.
PIETRO, }	Ferdinand.
JULIO, }	Maugé.
Chevaliers, amis du comte de Sorento. . .	Dumesnis.
	Édouard.
	Arnaud.
	Henry.
Chasseurs, Gardes, Villageois.	
LA DUCHESSE DOUAIRIÈRE DE PALZY, muette, sous le nom d'ALEXINA. .	Mlle. Clara
LÉONARDA, vieille majordome du château.	Mme. Clairville.
Villageoises, etc., etc.	

La scène se passe dans le Tyrol.

LA MUETTE.

PREMIER TABLEAU.

Une masse de rochers s'élève au fond du théâtre. A droite, la grille du château de Sorento; à gauche, un banc appuyé contre un rocher d'où s'élèvent quelques arbrisseaux.

SCÈNE PREMIÈRE.

(Au lever du rideau, Gonzalvo, qui joue avec de jeunes villageoises, prend à l'une un baiser, et reçoit un soufflet. Alexina, assise sur un banc, paraît plongée dans la plus profonde rêverie.)

BABYLAS, GONZALVO, PIÉTRO, JULIO, VILLAGEOIS.

BABYLAS, à Gonzalvo.

ENCORE un d'attrapé. Pourquoi diable t'y frottes-tu, Gonzalvo? La femme est comme une rose, vois-tu, dès qu'on y porte la main, on sent quelque chose qui vous pique. Une femme! ah! mon Dieu!

AIR : *Je ne vous vois jamais rêveuse.*

C'est un matou pour la finesse,
Un coq pour la témérité,
Un singe pour la gentillesse,
Un r'nard pour la fidélité,
Pour la douceur une panthère,
Pour la constance un papillon,
Un mouton quand ça veut nous plaire,
Quand nous sommes pris, un démon.
Par caractère,
Vrai papillon,
Femme est pour plaire
Petit mouton;
Ça n'est sévère
Qu' pour la façon;
Et si pour plaire
C'est un mouton,
Sommes-nous pris, c'est un démon.
Oui, c'est un démon.

Eh bien, vous ne faites pas chorus avec moi? Ah! je vois c'qui vous r'tient, madame Alexina nous regarde et nous écoute. Pour parler, c'est différent, car depuis seize ans qu'elle habite, dit-on, ce château, elle n'a pas desserré les dents; et comme elle vous fait des cadeaux, l'envie de l'imiter vous a pris à tous en ce pays. D'bonnes gens que vous étiez, vous voilà devenus flatteurs courtisans, et vous n' parlez plus qu'avec des gestes. C'est drôle, tout de même, une femme qui se tait toujours; lorsque j'aurai l'âge de me morier, qu'on me présente la pareille de celle-ci, et je dirai : Présent.

Air du vaudeville de *Partie et Revanche.*

Pour une fille aimable et belle,
Au fin corsage, aux doux attraits,
Éprouvant une ardeur nouvelle,
Mon nœud d'amour s'rait un nœud frais; (*Bis.*)
Mais peut-être qu'en mon ménage,
Au lieu d' goûter un bonheur pur,
J' dirais, en souhaitant l' veuvage,
Le nœud d'hymen est un nœud dur.

Même air.

A la fuir, lorsqu'elle nous force,
Notre bonheur va s'éloignant;
Et s'il nous conduit au divorce,
Nœud d'hymen est un nœud coulant. (*Bis.*)
Plus femm' crie et plus on querelle :
Bientôt d' pleurs son œil est mouillé,
Et d' fil en aiguille c'est par elle
Qu' nœud d'hymen est un nœud brouillé.

Et n' faut pas croire qu' les gens riches soient exempts de ces p'tits inconvéniens, suites nécessaires du mariage; tout-à-l'heure, j'étais dans cette galerie, près de laquelle madame Alexina a peint une centaine de tableaux qui m'ont fait une peur, quand je les ai vus par hasard; car personne, pas même notre maître, le comte de Sorento, n'a la permission de pénétrer dans l'appartement qu'elle habite. Notre maître, donc, confiait au chevalier Lorenzo, l'intendant de cette principauté, des choses, des choses terribles!

(A ces mots, Alexina lève la tête, et fait un mouvement pour entendre.)

BABYLAS, qui l'a remarqué.

Voyez-vous la curieuse? comme si elle ne savait pas ce que j'ai à dire, elle qui depuis son enfance réside près du comte de Sorento. (*A voix basse.*) Il s'agit de l'oncle de notre maître, feu le duc de Palzy, et de la duchesse, sa coupable épouse.

(Alexina s'approche et paraît s'intéresser vivement à ce que dit Babylas.)

BABYLAS, à Alexina.

C'est ça, comme vous voudrez. Vous saurez donc, camarades, que le duc de Palzy, lâchement assassiné, il y a bien long-temps, désigna la duchesse comme la cause principale de sa mort.

(Alexina lève les yeux au ciel.)

BABYLAS, à Alexina.

C'est vrai, n'est-ce pas ? (*Aux villageois.*) Les preuves manquaient, elle ne fut point poursuivie ; mais, criminelle aux yeux du monde, elle disparut bientôt, laissant le comte de Sorento, son neveu, muni de pleins-pouvoirs pour administrer ses biens, dont ce château, situé à plus de cent lieues du palais qu'elle occupait, est une faible partie, et qu'il doit rendre un jour à son cousin, fils de cette méchante femme, s'il reparaît jamais, car on l'avait soupçonnée aussi d'avoir égorgé à cette époque son enfant âgé de quatre ans.

(Les villageois expriment leur indignation pour un tel crime. Alexina s'avance avec vivacité, et repousse avec horreur l'idée qu'une mère ait pu donner la mort à son enfant.)

BABYLAS.

Vous ne croyez pas que cela soit possible ? Eh bien, pour cette fois, vous avez raison. (*Mystérieusement.*) Le jeune duc existe.

(Joie d'Alexina, qui conjure Babylas de ne pas la tromper.)

BABYLAS.

Allons, allons, la tête n'y est plus.

(Alexina prend un bracelet, et l'offre à Babylas, en le suppliant de recommencer.)

BABYLAS, à part.

Elle a de bons momens cependant. (*Haut.*) Oui, madame, oui, mes amis, le comte de Sorento disait tout à l'heure, avec cette petite voix douce qui nous fait tous trembler : « Mon » cousin existe, j'en viens d'acquérir l'assurance positive. »

(Alexina tombe à genoux, et remercie le ciel.)

BABYLAS.

« Je saurai le trouver, a dit encore M. le Comte, et je veux » qu'il n'apprenne sa naissance.... » L'éloignement m'a empêché d'entendre le reste. Si je le rencontrais ce jeune duc, comme je l'amènerais vite ici, la récompense serait bonne.

(Terreur d'Alexina ; elle indique qu'au lieu de le mener au château, on doit le cacher à tous les regards, si l'on veut le dérober à la mort.)

BABYLAS.

Voyez un peu ce qui lui prend. Oui, madame, je le répète, si je le trouve, je serai son guide, je deviendrai son page, son écuyer, que sait-on ? S'il monte, il me traînera après lui, et je m'élèverai par contre-coup. S'il descend.... Oh ! mais il ne descendra pas ; j'aurai du zèle, car j'ai du courage, et je me ferais tuer pour ceux qui me payent bien. (*Alexina lui glisse une bourse.*) (Ah ! ah ! (*Bas à Alexina.*) Je vous entends.

Air de *l'Artiste.*

Je compte sur ton zèle.
(Il fouille à sa poche)
C' mouv'ment indique ça
Tu me seras fidèle,
(Il fait sonner la bourse.)
V'là c' que dit celui-là;
M'obéir est ton rôle,
(Il fait le geste de donner la bourse.)
S' traduit par celui-ci.
A-t-on besoin d' parole
Quand on s'exprime ainsi?

(Le son du cor annonce l'arrivée du comte de Sorento.)

BABYLAS.

Déjà M. le Comte! A l'ouvrage, ne restons pas les bras croisés.

(Les villageois saisissent leurs outils. Alexina conjure Babylas de ne pas oublier sa promesse.)

BABYLAS.

Soyez tranquille; j'ai de la mémoire dans ma poche.

(Alexina monte sur les rochers, les villageois vont s'éloigner. Le comte de Sorento s'avance avec Lorenzo.)

SCÈNE II.

Les précédens, LE COMTE DE SORENTO, LORENZO.

LE COMTE.

Un jeune chevalier doit passer près de ce domaine; il est nécessaire que je lui parle. Si vous l'apercevez, guidez ses pas vers moi, et comptez sur mes bienfaits.

BABYLAS, bas à Gonzalvo.

Il a besoin de nous, car il est bien poli. (*Haut.*) Nous vous obéirons.

(Babylas se retire avec Gonzalvo et les villageois.)

SCÈNE III.

LE COMTE DE SORENTO, LORENZO.

LE COMTE.

Oui, mon cher Lorenzo, la nouvelle de l'existence du jeune duc de Palzy peut à jamais troubler ma vie, ou me rendre le bonheur que j'ai perdu. Initié à tous mes plaisirs, compagnon de mes débauches,... de mes crimes, tu dois partager mes tourmens, et connaître enfin mon cœur tout entier. Plus j'ai besoin de tes services, moins je dois avoir de réserve pour toi.

(Lorenzo proteste de son dévouement, et regarde si personne ne peut entendre ce que le comte va lui dire.)

LE COMTE

Je ne te parle pas de ma jeunesse, elle fut dissipée, orageuse, comme celle de tous ceux qui, riches et puissans, ne mettent aucun frein à leurs passions. Le mariage du duc de Palzy, mon oncle, détruisait mes espérances de fortune; la naissance de son fils les anéantit pour jamais. C'est alors que, pour la première fois, je vis la jeune duchesse. Je devais la haïr; le croirais-tu, Lorenzo, au lieu de haine, ce fut l'amour que sa vue m'inspira! Ce sentiment t'étonne; j'aurais voulu le cacher à moi-même; mais le feu qui chaque jour m'embrasait davantage ne me permit pas de voiler ma passion, et juge de mon délire, lorsque je m'aperçus que cette passion était partagée! La vertu de la duchesse n'opposait à mes vœux que son titre d'épouse. Le duc cessa de vivre,... et j'eus la coupable adresse de faire planer, à l'occasion de cette mort, d'odieux soupçons sur cette femme dont j'étais devenu l'esclave. Je me croyais à la veille d'être heureux, lorsqu'un jour la duchesse, pour qui j'avais plongé le poignard dans le sein de mon bienfaiteur, osa me menacer de la vengeance des lois, si je ne cessais des visites qu'elle qualifiait de criminelles.... La fureur s'empara de mes esprits; je fis prendre le jeune duc dans les bras de sa gouvernante; un homme que je croyais fidèle, et dont j'avais acheté le dévouement, fut chargé de trancher sa vie: me précipitant alors vers l'appartement de la duchesse, ce fer devait me venger! J'entrai; je la vis..., Lorenzo, qu'elle était belle! Ma rage fit place à l'amour! Qu'elle m'eût cédé, je lui rendais son fils; mais elle me prodigua les noms de traître, d'assassin ... Je me jetai à ses pieds.... « Retire-toi, s'écrie-» t-elle, monstre que je déteste.... » Ces mots furent les derniers qu'elle prononça.... Ma fureur s'était rallumée, et respectant son existence, cette main la mit pour jamais hors d'état de troubler mon oreille de ses plaintes et de ses mépris. (*A Lorenzo qui veut l'interrompre.*) Ne me blâme pas de ma faiblesse, Lorenzo, j'étais trop épris pour lui donner la mort, et dans ce moment encore, je sens que le temps, loin de refroidir mon cœur, le rend plus passionné que jamais; oui, Lorenzo, cette duchesse de Palzy, qu'après mon second crime j'eus le talent de faire disparaître, est encore l'unique objet de toutes mes pensées; un sourire de sa bouche me rendrait le plus heureux des hommes, et le moindre regard me ferait tomber aux pieds d'Alexina.

(Lorenzo à ce nom parait surpris. Eh quoi, semble-t-il dire, cette femme dont vous m'avez confié la garde, serait la duchesse de Palzy?)

LE COMTE.

Tu la connais enfin cette vérité terrible, tu sais que la duchesse de Palzy, privée de la faculté de s'exprimer par le plus exécrable forfait, est cette même Alexina, confiée à tes soins depuis quinze années, et que l'espoir de revoir un jour son fils, espoir que j'ai entretenu, malgré la croyance où j'étais de sa mort, enchaîne à mes intérêts. Maintenant figure-toi quel bonheur serait le mien, si l'existence de son fils déterminait cette femme adorée à se rendre à mes désirs; si l'assurance de le voir possesseur des biens et du nom du duc de Palzy, l'engageait à couronner un amour pour lequel j'ai commis tant de crimes! Cette idée domine toutes mes actions, elle m'entraîne, elle me subjugue, et je cesserais de me faire horreur à moi-même, si la duchesse de Palzy me rendait la tendresse, qu'en des temps plus heureux mon respect avait méritée. Des renseignemens certains m'annoncent que le jeune duc, ignorant toujours sa naissance, doit passer près de ce château; ah! qu'il vienne, qu'il se présente, et que la conduite de sa mère lui rende son rang, ses richesses, ou le plonge dans le tombeau.

SCÈNE IV.

LES PRÉCÉDENS, **ALBANO.**

LE COMTE.

Eh bien, Albano, tout se dispose-t-il pour célébrer avec magnificence mon retour dans cette principauté, et l'arrivée des hôtes illustres que j'attends? Je connaissais votre zèle, et j'aurai sans doute des éloges à vous donner. Mais que les plaisirs de ce soir ne nous fassent pas oublier que ce matin la chasse nous réclame. Lorenzo, donnez le signal du départ.

Lorenzo fait un signe, à l'instant des piqueurs nombreux armés de lances et de piques, sortent du château.)

LE COMTE.

Favorisée par la beauté du temps, une chasse heureuse doit marquer ce jour. Un tigre furieux échappé des mains de son conducteur, a paru dans ces contrées en y portant la désolation; il faut en purger la terre, et je promets un vase d'or au plus adroit d'entre vous. (*Bas à Lorenzo.*) Toi, Lorenzo, demeure, et si le jeune chevalier se présentait, tu connais mes intentions. (*Haut.*) Albano, suivez-moi. Partons.

Le comte, suivi d'Albano, de ses gardes et de ses piqueurs, s'éloigne par la gauche. Lorenzo rentre au château; au même instant, le duc de Palzy, sous le costume d'un simple chevalier, paraît sur la montagne.

SCÈNE V.

LE DUC DE PALZY.

Que pouvait me vouloir cette femme mystérieuse dont les gestes et les regards prétendaient m'interdire l'entrée de ces lieux? c'est sans doute une infortunée privée de sa raison! cependant la mobilité de sa physionomie, l'expression terrible et tendre de ses yeux, un sentiment inconnu qui me parlait pour elle, ont un instant ébranlé ma résolution d'obéir aux derniers ordres de celui qui me tint lieu de père. « Malheureux jeune » homme, me dit-il à son heure suprême, lié par un ser- » ment, je ne puis vous révéler ni votre nom, ni votre pays; » chargé de vous donner la mort, vos caresses me désarmè- » rent, et je prodiguai mes soins à celui dont je devais être le » bourreau. Pardonnez-moi, mon fils, et puissiez-vous bien- » tôt retrouver près du comte de Sorento, le nom, le rang » et la fortune dont j'ai contribué à vous dépouiller. Quant à » cette lettre, (*ajouta-t-il d'une voix plus affaiblie*) ne » l'ouvrez que si vous parvenez à revoir votre innocente et » malheureuse mère.... défiez-vous surtout.... » J'écoutais encore, il n'existait plus. Il m'a remis cette lettre; ah! puissé-je avant peu avoir le droit de l'ouvrir! Il m'a nommé le comte de Sorento; je suis dans la principauté qui s'appelle ainsi, et, puisqu'il paraît que mon origine est connue de cet homme puissant, c'est ici que mon sort sera fixé.

SCÈNE VI.

LE DUC DE PALZY, BABYLAS.

BABYLAS, descendant les rochers.

Alexina ne se trompait pas, voilà bien un chevalier : si c'est le jeune duc, n'oublions pas de suivre de point en point les instructions de la muette. (*Haut.*) Pardon, seigneur chevalier, si j'ose vous interrompre, mais comme on m'a donné des ordres, il faut les exécuter.

LE DUC.

Des ordres? et pour moi?...

BABYLAS.

Pour vous? non; mais ça me regarde, voyez-vous. Tenez, vous êtes jeune, c'est c' que j' voulais; vous paraissez brave.

c'est c' qu'il me faut : vous m'intéressez, foi de Babylas c'est mon nom, et je brûle de vous servir. Hâtez-vous donc de me répondre : Êtes-vous le fils d'un duc ?

LE DUC.

Pourquoi cette question ?

BABYLAS.

C'est mon affaire. Quant à votre nom, peu m'importe de le savoir, ce n'est pas aux noms que je me fie.

AIR : *Du Vaudeville Jadis et Aujourd'hui.*

Les noms sont une bagatelle.
J'ai vu des gens aux environs
Appelés Sincère, Fidèle,
Fortuné, Loyal ; quels beaux noms :
Mais Fidèle a trente maîtresses,
Sincère est un hardi menteur,
Fortuné n'a jamais d'espèces,
Et Loyal est un procureur.

Pour la seconde fois, seigneur chevalier, êtes-vous le fils d'un duc ?

LE DUC.

Quel motif vous porte à m'interroger ?

BABYLAS.

Moi ? aucun, je vous assure, mais je ne suis pas le seul en ce pays, il y en a d'autres qui sont curieux.

(Alexina paraît sur les rochers.)

LE DUC, l'apercevant.

Ma mystérieuse inconnue !...

SCÈNE VII.

LES PRÉCÉDENS, ALEXINA.

BABYLAS.

Madame, par exemple.

(Alexina, dans le plus grand trouble, montre au duc qu'il faut fuir.)

LE DUC, à Babylas.

Quelle est cette femme ?

BABYLAS.

Une femme ? Oui ; je conviens que ça y ressemble assez, mais je n'en voudrais pas jurer, ça ne parle jamais.

(Alexina renouvelle ses instances.)

LE DUC.

Et ses gestes signifient ?

BABYLAS.

Qu'il faut fuir pour jamais ces contrées, si vous êtes...

LE DUC.

Le fils d'un duc ?

BABYLAS.

Ce que je vous demandais tout à l'heure, précisément.

(Alexina indique au duc de Palzy, que les cachots et les poignards l'attendent, s'il franchit les portes du château.)

LE DUC.

Mais dites-moi, mes amis, quel intérêt vous parle en ma faveur ?

(*Le plus puissant*, semble dire Alexina, *il s'agit de vous arracher à la mort*)

BABYLAS.

Que faut-il pour dire un oui, ou un non ? ouvrir la bouche et remuer la langue, pas davantage ; allons, chevalier, allons, une bonne résolution ; répondez-nous.

(Alexina tombe à genoux, saisit une des mains du duc de Palzy, et le presse de s'expliquer.)

LE DUC, à part

Ce que m'a dit le vieillard qui protégea mon enfance, la conduite de cette femme extraordinaire.......... je ne suis point un étranger pour elle...... le ciel m'a conduit ici, c'est ici, que mon sort doit s'éclaircir.

BABYLAS.

Eh bien, êtes-vous le fils d'un duc ?

LE DUC.

Quelque étrange que me paraisse votre question, je veux bien y répondre. Jusqu'à sa mort un obscur chevalier reçut de moi le nom de père.

(Tristesse d'Alexina.)

BABYLAS.

Tant pis, morbleu, tant pis, j'aurais eu du plaisir à vous voir fils d'un...... mais c'est égal j'vous servirai quoique un duc ne soit pas votre père.

LE DUC.

Je te remercie.

BABYLAS

Et si le comte de Sorento.....

LE DUC, surpris.

Le comte de Sorento ?

BABYLAS, bas à Alexina.

Ce nom l'a troublé. (*Haut*) Oui, si le comte de Sorento mon maître, vous tend quelques piéges, fiez-vous à moi pour les déjouer ; tel que vous me voyez, j'ai plus d'expérience que d'années.

AIR : *de la Famille normande.*

Vrai sac a la malice,
Le sexe féminin,
Pour m'ôter l'air novice
M'a fait voir du chemin ;
Mais ses leçons m'ont rendu fin,
Et l'écolier est maître enfin.
La crainte, on la repousse ;
On aime, et l'on combat
Quand la barbe nous pousse
Et quand le cœur nous bat.

(Pendant ce couplet, Alexina n'a cessé de regarder le duc de Palzy, et d'interroger ses souvenirs.)

BABYLAS.

Comme vous le regardez ! ses trais vous rappelleraient-ils ?.... hein, vous m'entendez?

(Alexina lui fait signe de renouveler ses questions au jeune duc.)

BABYLAS.

Encore ? allons puisque vous le voulez absolument-. (*Au duc.*) Vous voyez, seigneur, qu'elle est passablement entêtée, croiriez-vous bien qu'elle m'ordonne de vous interroger de nouveau ?

LE DUC.

Commencez par satisfaire ma juste curiosité. Je connais de réputation le comte de Sorento, et suis instruit des crimes et des malheurs de sa famille ; mais, dites-moi, le comte réside-t-il maintenant dans cette principauté ?

BABYLAS, montrant le château.

Ici.

LE DUC.

Est-il marié ?

BABYLAS.

Non.

LE DUC.

Riche ?

BABYLAS.

Oui.

LE DUC.

Généreux ?

BABYLAS.

Point.

LE DUC.

Son air ?

BABYLAS.

Farouche.

LE DUC.

Son œil ?

BABYLAS.

Dur.

LE DUC.

Son cœur ?

BABYLAS.

Faux.

LE DUC.

Sa loyauté ?

BABYLAS.

Absente.

LE DUC.

Ses vertus ?

BABYLAS.

Nulles.

LE DUC.

Ses défauts ?

BABYLAS.

Tous.

LE DUC.

Je le verrai.

(*Non*, veut lui dire Alexina.)

LE DUC.

Qui pourrait me le défendre ?

(*Moi*, répond Alexina.)

LE DUC.

Sachez que peut-être il a connu ma mère.

(Explosion de joie d'Alexina, qui, à ces mots, le presse plus fortement de la suivre et de fuir.)

BABYLAS.

J'ignore, chevalier, les motifs de cette femme, mais fiez-vous à elle, c'est la providence du pauvre et la bienfaitrice du canton. Seul ici je vous ai vu ; il en est temps encore, éloignez-vous, et quoi qu'il arrive, soyez bien sûr que je ne vous trahirai pas.

(Un grand bruit se fait entendre. Le comte de Sorento, poursuivi par un tigre, paraît sur les rochers. Effroi général... Le duc de Palzy saisit son épée, et, courant à la défense du comte, atteint et frappe le tigre. Gonzalvo et Albano, les gardes, les piqueurs du comte, arrivent de tous côtés. Léonarda, Lorenzo et les valets sortent du château.)

SCÈNE VIII.

LE COMTE DE SORENTO, LE DUC DE PALZY, ALEXINA, LÉONARDA, ALBANO, GONZALVO, VALETS, GARDES, VILLAGEOIS, etc., etc.

LE COMTE.

Chevalier, je vous dois la vie, la gloire de cette journée vous appartient.

(Il tend les bras au duc, qui lui baise la main.)

BABYLAS, à part.

Il n'est plus temps. (*Au comte de Sorento.*) Selon vos ordres, seigneur, je le conduisais vers vous. (*Bas au duc de Palzy.*) Ne vous fiez pas à ses paroles : c'est le comte de Sorento.

LE DUC.

Je me félicite, seigneur, que mon arrivée sur vos terres ait été signalée par un acte de courage, de respect et de dévouement.

LE COMTE.

Chevalier, le prix de ce service disparaîtrait à mes yeux, si vous ne consentiez à recevoir chez moi l'hospitalité et les honneurs dus à votre courage. (*Bas à Lorenzo.*) L'air de noblesse qui brille dans toute sa personne, des traits dont le souvenir n'est point affaibli, tout m'annonce qu'il est le fils de ma première victime.

(Pendant cet aparté, Alexina fait signe au duc de refuser.)

LE COMTE.

Vous paraissez hésiter?

LE DUC.

J'accepte. (*Bas à Babylas.*) Mais je suivrai vos conseils

BABYLAS, à part.

Et j'aurai l'œil au guet.

LE COMTE.

Que le palais resplendisse de lumières! que les fêtes les plus brillantes soient disposées dans les jardins, que les vins coulent en abondance. Festins, jeux, chants et danses, prodiguez tout aujourd'hui; honorer la vaillance c'est la multiplier. (*A Babylas.*) Babylas, je te donne le soin de diriger les ballets.

BABYLAS, à part.

Oui, je vous ferai danser. A-t-il l'air méchant aujourd'hui! (*Haut.*) C'est ça, toujours moi, lorsqu'il faut un ballet.

AIR : *Je déteste le bavardage.*

Dès qu'une guerre est allumée,
Pour combattre au poste d'honneur,
Si j'étais général d'armée,
J'enrôlerais chaque danseur.
Par une faveur passagère,
Et pour les échauffer un peu,
J'en ferais ma troupe légère,
Et mettrais le ballet au feu.

LE COMTE.

Léonarda, que l'appartement le plus riche soit disposé pour mon libérateur, et qu'il n'oublie jamais que le château de Sorento renferme ceux qui lui ont voué la plus sincère estime et la plus franche amitié.

(Le comte de Sorento prend la main du duc de Palzy. Alexina, qui, pendant cette scène, a tracé quelques lignes sur le rocher de gauche, arrête le comte, et lui fait lire ces mots : *Tes jours répondent des siens.* Elle étend ses mains sur la tête du duc de Palzy en signe de protection. Albano et Lorenzo ouvrent les grilles du château ; les paysans garnissent les montagnes. Le comte, surpris de ce qu'il a lu, examine la figure du duc de Palzy, qui, de son côté, tourne les yeux vers Alexina. Babylas est groupé près de Gonzalvo et de Léonarda.)

FIN DU PREMIER TABLEAU.

DEUXIÈME TABLEAU.

Le théâtre représente l'intérieur des jardins du château de Sorento.

SCÈNE PREMIÈRE.

(Au lever du rideau, Léonarda distribue des cahiers de musique aux jeunes villageoises. Gonzalvo, à la tête des paysans, cherche à exécuter quelques danses. Plus loin, Piétro et Julio se livrent à l'exercice des armes : nul ne paraît content de ce qu'il fait. Babylas paraît, et chacun court lui demander des avis sur ce qu'il a a exécuter.)

BABYLAS.

J'étais bien sûr que vous m'attendiez, car dès qu'on vous donne quelque chose à faire, et que vous vous trouvez embarrassés, c'est toujours à Babylas que vous avez recours. S'lon les uns, je suis propre à tout ; s'lon les autres, je n' suis bon à rien : tant il y a cependant, que depuis mon entrée au service du comte de Sorento, on ne chante pas une note au château, on n'y donne pas un coup d'épée, et l'on n'y bat pas un entrechat, que Babylas ne soit de la partie.

Air : *De la Soirée orageuse.*

Brillante et légère,
Ma voix à tous sait plaire ;
J'ai l'à-plomb
D'un chanteur de renom.
Bouillant, plein d'audace,
Sous une cuirasse,
Nul tournoi
N'a jamais lieu sans moi.
Faut-il danser, mon pied sait c' qu'il en coûte ;
Car un pas vous fait-il broncher,
Ma jambe (*bis*) vous remet en route :
Sans elle (*bis*), vous ne pouvez marcher.

(Léonarda apporte à Babylas qui l'accepte, une coupe remplie de vin, tandis qu'il boit, elle lui passe la main sous le menton.)

BABYLAS.

Assez, dame Léonarda, assez; j'vois bien où vous voulez en venir, mais j' vous le dis en confidence, ça ne prendra plus. Votre titre de majordome du château a quelque chose qui flatte mon amour-propre, c'est vrai, et si je pouvais en vous épousant, prendre la place et laisser la femme, il y a long-temps que vous auriez eu l'honneur de changer votre nom contre celui de madame Babylas. Mais faut dire adieu à cette espérance, ma pauvre vieille, car enfin s'il faut tout vous apprendre...

AIR du *Hussard de Felsheim*.

J'ai vingt ans, (*Bis.*)
C'est le plus bel âge :
Les plaisirs charmans
Sont les fils de vingt ans ;
Mais vingt ans (*Bis.*)
Fuiront, c'est dommage,
L'âge de vingt ans
Devrait durer cent ans.
Jadis sur vos g'noux, mangeant d' la galette,
Je vous embrassais ; elle était bien faitu.
J' vois bien qu' vous m'offrez d' prendre encor mes ébats,
Qu' si j' prononce un mot vous me tendrez les bras ;
Mais je me tairai, car mon cœur dit tout bas :
J'ai vingt ans, (*Bis.*)
C'est le plus bel âge :
On joue à douze ans,
Et l'on aime à vingt ans ;
Mais vingt ans (*Bis.*)
Fuiront, c'est dommage,
L'âge de vingt ans
Devrait durer cent ans.
Ma lampe s'éteint lorsque l'huile cesse ;
L'amour doit finir avec la jeunesse :
Le fruit un peu mûr plaît moins que le fruit vert.
M'unissant à vous, je crois que j'aurais l'air
Du joyeux Printemps guidant le froid Hiver.
A vingt ans, (*Bis.*)
Vous étiez volage,
L'âge de vingt ans
Est le temps des amans.
A soixante, (*Bis.*) Allons, soyez sage,
L'âge de vingt ans
Ne peut durer cent ans.

Ça vous fâche, dame Léonarda ; mais je suis dans mon jour de vérité et de travail, car l'arrivée de ce jeune chevalier va nous donner une occupation !... (*A part.*) Décidément je le crois fils du duc de Palzy, jeune, aimable, brave et riche, il y aura tout profit à servir un tel maître, et puisque l'occasion se présente, ne la laissons pas échapper.

SCÈNE II.

LES PRÉCÉDENS, LE DUC DE PALZY, LE COMTE DE SORENTO.

LE COMTE.

Bien, mes amis, c'est très-bien. Ma fête, grâce à vos soins, era digne de ce noble et vaillant étranger.

s

BABYLAS, avec intention.

Dame, ce jeune chevalier mérite bien qu'on s'occupe de lui. (*Bas au Duc.*) Soyez prudent. (*Haut.*) N'est-il pas vrai, monseigneur ?

LE COMTE.

Sans doute. Mais en attendant le bal et le tournoi, suivez Léonarda, mes enfans, et célébrez par vos chants et vos danses votre maître et son libérateur.

BABYLAS, à part.

Ne les laissons pas seuls.

AIR : *De la ronde du Maçon*

(Au comte de Sorento.)
Dans les périls, dans la détresse,
Les grands aux petits ont recours.
Un tigre attaquait votre altesse,
(Il montre le duc.)
Son épée a sauvé vos jours.
(Au comte.)
D' vous à lui j' compt' plus d'un étage,
D' lui vers nous faut s' baisser, oui-dà,
Mais qu'on l'attaque, et l'on verra
Que si l' courage
Est son partage,
De vrais amis sont toujours là.

(Babylas sort avec Leonarda, Gonzalvo et les villageois.)

SCÈNE III.

LE COMTE DE SORENTO, LE DUC DE PALZY.

LE COMTE, à part.

Éclaircissons mes doutes. (*Haut.*) Après le service que vous m'avez rendu, service que je veux reconnaître, mes questions, chevalier, ne vous paraîtront pas indiscrètes. Quel heureux pays vous a vu naître ? de quelle noble famille tirez-vous votre origine. Désirant vous rendre les honneurs que vous méritez, il est important que j'en sois informé.

LE DUC.

Lorsqu'un tigre furieux allait vous arracher la vie, ai-je eu besoin de connaître votre rang et votre nom pour voler à votre défense? La véritable noblesse, seigneur, ne réside pas dans de vains titres, mais dans la franchise et dans la loyauté. Inconnu dans les cours, protégé par mon seul courage, je me sens appelé à commander un jour, car j'ai constamment obéi à la voix de l'infortune et de l'honneur. Mon nom, mes biens, ma noblesse, ce sont ma valeur, mon épée et mes vertus. Interrogez vos souvenirs, ouvrez les pages de l'histoire, et mille exemples vous convaincront, que le poids d'un grand nom écrase souvent ceux qui le portent, tandis que la célébrité s'attache à celui qui s'élève et se soutient sans aïeux.

LE COMTE.

Cette loyale fierté ne saurait me déplaire, chevalier ; restez donc inconnu, puisque tel est votre désir; mais réserve pour réserve, et si quelque secret excite un jour votre curiosité, et que.... le hasard.... m'en ait donné la connaissance, n'exigez pas de moi une confiance plus entière que celle que j'ai su vous inspirer.

SCÈNE IV.

LES PRÉCÉDENS, BABYLAS.

BABYLAS, à part.

Écoutons.

LE DUC.

Vous en avez trop dit, pour ne pas vous expliquer davantage, seigneur ; ma naissance environnée jusqu'à présent d'épaisses ténèbres, l'assurance que mes malheurs finiraient dans le comté de Sorento, la croyance où j'étais, qu'ils ne vous sont point inconnus, les paroles qui viennent de vous échapper, que me faut-il encore, pour me persuader entièrement que le mystère qui m'accompagne se dissipera quand vous l'ordonnerez.

LE COMTE, à part.

C'est lui. (*Haut*) Je vous dois la vie, chevalier, et l'intérêt que je vous porte ne peut être contesté. Jugez donc de mon bonheur, si mes efforts parvenaient à vous faire rendre une mère, un rang, des richesses.

LE DUC.

Un rang ? des richesses? Pourquoi m'en parlez-vous ? n'aviez-vous pas prononcé le nom de mère?

BABYLAS, à part.

Il a bon cœur, ça fait plaisir.

LE COMTE.

Eh bien, s'il était vrai que je possédasse cette connaissance de votre famille que vous me supposez?

BABYLAS, à part.

Ne perdons pas un mot.

LE COMTE.

Si je vous apprenais que votre mère, coupable de quelques torts......

LE DUC, l'interrompant.

Des torts ? je refuserais de les connaître. Une mère ! ah ce nom seul fait palpiter mon cœur d'ivresse et de plaisir ! une mère ! ce serait mon idole et ma vie ! une mère ! Eh, de quels torts un fils oserait la blâmer ? amour, respect et confiance, tels sont les sentimens qu'elle saurait m'inspirer. Loin de rechercher les motifs, qui pendant vingt années m'ont privé de ses embrassemens, je jetterais un voile sur le passé, pour ne m'occuper que de ma félicité présente. Orgueilleux de mon titre de fils, riche de la tendresse de ma mère, soutenu par la vaillance et protégé par la piété filiale, mon bras se lèverait pour la défendre et pour punir ses lâches accusateurs.

BABYLAS, à part.

Oh ! ma foi je n'y tiens plus, et je me ferais tuer pour lui.

LE COMTE.

Et si votre mère, trahissant la mémoire de celui dont vous tenez le jour, faisait un choix nouveau, le désapprouveriez-vous ?

LE DUC.

Non, seigneur, car l'élévation de mes sentimens m'est un signe assuré de la noblesse des siens : et d'ailleurs quels seraient mes droits pour l'empêcher de contracter un hymen qui lui offrirait le bonheur ? une mère est-elle donc l'esclave des volontés ou des caprices de ses enfans ? Comte de Sorento, si ma mère formait un jour ce lien dont vous me parlez, et pour lequel vous semblez me pressentir, le père qu'elle me donnerait ne pourrait faire rougir, ni son front, ni le mien, car il serait, tout m'en donne l'assurance, digne d'elle et digne de moi.

LE COMTE, à part.

Digne d'elle ! moi, grands dieux, dont la main criminelle et barbare.... mais chassons ces horribles idées : qu'Alexina pardonne (*montrant le duc de Palzy*), et je serai son père.

LE DUC.

Qu'attendez-vous seigneur, si mon sort vous est réellement connu, pour me conduire aux pieds de cette mère que ma tendresse a si long-temps et si vainement appelée. Quelque basse, ou quelque illustre que soit son origine, je saurai plier mon caractère à la position de ma famille : si mon travail est nécessaire pour la faire subsister, avec quel plaisir je supporterai les fatigues et les privations ! tous les fardeaux me sembleront légers, l'image de celle qui me porta dans ses flancs sera sans cesse présente à mon souvenir. C'est pour ma mère ! m'écrierai-je, et mes forces se multiplieront. Si la grandeur est son partage, si elle dépose entre mes mains une portion de sa puissance, ce pouvoir je ne l'emploierai que pour illustrer sa vie et pour augmenter le nombre des heureux que j'aurai faits en son nom. Tout à l'heure guidé par une injuste défiance, trompé par de funestes conseils, j'ai refusé de répondre aux questions que vous daigniez m'adresser, vous avez imité ma réserve; suivez maintenant, seigneur, l'exemple que je vais vous donner, et déployez une franchise égale à celle qui me porte à vous ouvrir mon cœur tout entier.

LE COMTE, à part.

On lui aurait, dit-il, inspiré de la défiance? quelqu'un m'aurait-il trahi? (*Haut.*) Quels sont ces conseils, chevalier, et de qui les tenez-vous?

BABYLAS, à part.

Empêchons la réponse; l'arrivée de Lorenzo me favorise.

Air du vaudeville de *Partie carrée.*

(Bas au duc.)
De nos avis gardez la souvenance.
(Au comte.)
Impatiens d'assister au banquet,
De vos amis le cortége s'avance.
(Bas au duc.)
Le fils d'un duc doit se montrer discret.

LE DUC.

Que veux-tu dire?

BABYLAS.

Ne feignez plus, je sais votre secret

LE DUC, bas à Babylas.

Mais du moins explique-moi...

BABYLAS.

Quoi! votre sort est pour vous un mystère?

LE DUC.

Certainement.

BABYLAS.

Vous n'êtes pas le seul, en ce pays,
Qu'on voit à l'un donner le nom de père,
Quand d'un autre il est le fils. (*Bis.*)

(Pendant ce couplet, le comte de Sorento a remonté la scène pour recevoir les chevaliers, dont Babylas lui a signalé l'arrivée.)

SCÈNE V.

LES PRÉCÉDENS, LORENZO, ALBANO, CHEVALIERS, AMIS DU COMTE DE SORENTO.

LE COMTE.

Il me tardait de vous voir, seigneurs, et de vous présenter ce jeune chevalier. Vous connaîtrez tout ce que je lui dois. (*Bas au Duc.*) Ce soir nous reprendrons notre entretien. (*Haut.*) Sa naissance et son courage le rendent digne de votre estime. (*Bas au Duc.*) Demain, vous embrasserez votre mère.

LE DUC.

Ah! seigneur, vous comblez mon espoir.

LE COMTE, à part.

Ou la tombe les aura réunis.

BABYLAS, à part.

Le maître a beau faire, j'empêcherai l'explication.

LE COMTE.

Parcourons les jardins, chevaliers, jusqu'au moment où les apprêts de la fête seront terminés.

(Tout se dispose pour le départ, et le comte va suivre ses amis, lorsqu'Alexina arrive, et le séparant de sa suite, le force à demeurer près d'elle.)

SCÈNE VI.

LE COMTE DE SORENTO, ALEXINA.

LE COMTE, à part.

Alexina! ah! puisse-t-elle enfin entendre la voix de l'amour et du repentir!

(Alexina présente au comte un écrit sur lequel on lit ces mots : *Que veux-tu faire du chevalier inconnu?*)

LE COMTE.

Le gage de notre réconciliation.

(Alexina saisit une branche d'arbre, la rompt, et, divisant les morceaux, indique que rien ne peut les réunir.)

LE COMTE.

Vous refusez d'oublier mes crimes, vous qui les avez causés? Le feu qui brûla mon visage sous le ciel enflammé de l'Afrique, est moins ardent que celui dont mon cœur est dévoré, et vous y demeurez insensible?

(*Oui*, répond Alexina.)

LE COMTE.

Et vous ne craignez pas l'excès d'une fureur que le temps accroît sans cesse?

(Alexina lui montre que, privée de son époux, de son fils, dépouillée de ses richesses, elle n'a plus rien à craindre. Poursuivie par toi, et repoussant ton odieux amour, dit-elle, tu l'as terrassée cette femme dont tu réclames le pardon. Ta main se plongeant dans le fond de sa bouche, la priva pour jamais de la faculté de s'exprimer, et tu lui fais entendre le langage de la tendresse! Puis, ajoute-t-elle; et saisissant un flambeau, elle parcourt la scène en lui indiquant qu'au premier mot d'amour qu'il osera prononcer, elle réduira le palais en cendres, et s'ensevelira sous ses ruines avec lui.)

LE COMTE.

Menaces inutiles. Je ne crains ni vos larmes ni vos transports. D'un mot je puis vous perdre, et vous osez me braver? Innocente pour moi seul, la duchesse de Palzy est coupable aux yeux des hommes, et c'est elle qui veut me dicter des lois? Son fils existe, je le connais, je l'ai vu : la soumission et le pardon de sa mère pourraient me déterminer à lui rendre ses biens et son nom; mais la cruelle me dédaigne, elle rejette mes prières, elle repousse l'offre de ma main. Qu'il périsse donc, ce fils dont sa main homicide aura creusé le tombeau.

(Alexina, à ces dernières paroles, supplie le comte de révoquer cet arrêt funeste; elle suit ses pas, saisit sa main, tombe à ses pieds, se traîne sur les genoux, en proie au plus violent délire.)

LE COMTE.

Vous n'avez qu'un moyen de fléchir mon courroux et de suspendre ma vengeance; consentez-vous à l'employer?

(*Parle*, lui dit Alexina.)

LE COMTE.

Donnez-moi le titre d'époux; je proclame votre innocence, et pose sur la tête de votre fils, et sur la vôtre, la couronne ducale de Palzy.

(*Je la foulerais aux pieds, si je la tenais de toi; et si j'acceptais le titre de ton épouse*, dit encore Alexina, *ce serait dans l'espoir de profiter de ton sommeil, pour te percer le sein.*)

LE COMTE.

Perfide! ah, c'en est trop; apprends que ton fils est en mon pouvoir, et que tes refus ont prononcé son arrêt.

(Alexina appelle la vengeance céleste sur la tête du comte de Sorento, s'il accomplit son funeste dessein, et le supplie encore d'épargner les jours de son fils.)

LE COMTE.

Inutiles supplications! Tu connais les moyens de me désarmer.

(Alexina recule avec horreur.)

LE COMTE, furieux.

Il périra.

(Alexina tombe épuisée sur un siége à droite.)

SCÈNE VII.

LES PRÉCÉDENS, BABYLAS.

BABYLAS, qui a paru à la fin de la scène précédente, s'écrie :

Il périra! Ah! mon Dieu!

LE COMTE, dans le plus grand trouble

Que fais-tu là?

BABYLAS.

J'arrive, je vois, et je tremble.

LE COMTE.

Sors.

BABYLAS.

J'obéis.

LE COMTE.

Non, demeure, et ne la perds pas de vue.

(Il montre Alexina.)

BABYLAS.

Oui, seigneur.

LE COMTE, à part.

Ce jour est le dernier des siens.

(Il prend ses tablettes, et écrit.)

BABYLAS, à part.

Malheureuse femme !

LE COMTE.

Ton silence répond de ta vie.

BABYLAS, désignant Alexina.

Je suis comme elle.

LE COMTE.

Un geste, et tes jours sont comptés.

BABYLAS, tandis que le comte écrit.

Des gestes? moi? tout le monde n'a pas son talent.

Air : *De la petite Gouvernante.*

L'oreille devient inutile,
Quand de madame on suit les pas ;
Et le spectateur immobile,
Entend ce qu'elle ne dit pas.
Pour nous toucher, pour forcer nos alarmes,
Ses gestes sont dictés par la terreur ;
Dans son malheur elle puise ses larmes,
Et ses regards sont guidés par son cœur.

LE COMTE, à Babylas.

Va, cours, vole, cherche Lorenzo, remets-lui ces tablettes, et que la fête commence à l'instant.

(Il lui donne les tablettes qu'il vient d'écrire.)

BABYLAS, remontant la scène.

Le seigneur Lorenzo dirige ses pas de ce côté.

LE COMTE.

Je serai vengé.

SCÈNE VIII.

LES PRÉCÉDENS, LORENZO.

(Le comte court à la rencontre de Lorenzo, il lui parle avec feu. Pendant ce temps, Babylas, sur la gauche de la scène, voudrait parler à Alexina, qui, les yeux fixes et hagards, ne paraît rien voir de ce qui se passe près d'elle.)

BABYLAS, pendant l'entretien du comte et de Lorenzo, et tandis que la musique continue.

Que se trame-t-il donc au château? Cette fureur du maître, le désespoir de madame, tout cela n'est pas naturel. Si ces tablettes pouvaient m'instruire.... (*Il regarde.*) Personne ne me voit : lisons. (*Il lit.*) « Empoisonne l'intérieur de la coupe » que tu placeras près du chevalier étranger.» (*Il parle.*) Quelle horreur! (*Il lit.*) « Sa mère brave ma colère. » (*Il parle.*) Sa mère.... (*Il regarde Alexina.*) Serait-ce?... (*Il lit.*) « Leur » mort est mon espoir. » (*Il parle.*) Ah! quel monstre! Mais, si l'étranger est le duc de Palzy, la duchesse est donc devant mes yeux?

LE COMTE, à Lorenzo.

Tu m'as entendu, que nul retard ne soit apporté à l'exécution de mes ordres.

(Lorenzo s'éloigne.)

BABYLAS, à part.

Le scélérat!

SCÈNE IX.

LES PRÉCÉDENS, LE DUC DE PALZY, ALBANO, LÉONARDA, GONZALVO, PIETRO, JULIO, AMIS DU COMTE DE SORENTO, GARDES, VILLAGEOIS.

LE COMTE.

Babylas, donne le signal de la fête, et joins à leurs danses quelques-uns de tes joyeux refrains.

BABYLAS, à part.

Chanter, quand je frémis!... C'est égal, je le sauverai. (*Haut.*) Oui, seigneur.

(Alexina voit le duc de Palzy, elle veut voler vers lui, Babylas passe vivement de son côté et l'arrête.)

BABYLAS, bas à Alexina.

Du calme, on vous observe. Je veille sur vous et sur lui. (*Haut.*) Allons, camarades, en avant les plaisirs.

(BALLET. — Le comte de Sorento s'assied avec le duc de Palzy à une table richement servie, et placée à gauche du spectateur. Albano et les seigneurs amis du comte se placent à d'autres tables. A droite, Alexina suit de l'œil tous les mouvemens du duc de Palzy. Les danses se succèdent avec rapidité. Une walse commence.)

BABYLAS, à part.

Cherchons à me faire comprendre!

AIR : *Tyrolien d'Emma*.

(*Haut.*) Un voyage souvent nous coûte,
Plus d'un piége est sur notre route.
Voyageur, la nuit va venir ;
Voyageur, tu devrais partir.
L'innocence
Est sans défiance,
Mais le crime la suit déjà.

(Lorenzo apporte deux coupes qu'il dépose devant le duc de Palzy, et devant le comte de Sorento, en lui faisant un signe d'intelligence.)

BABYLAS, l'apercevant.

Étranger, le voilà.

(Babylas prend une villageoise et se met à walser, en passant devant Alexina, il s'arrête.)

BABYLAS, bas à Alexina.

Ses jours sont en danger; brisez la coupe placée devant lui.

(Il continue de walser en finissant l'air : *Tra, la, la, la; la, la, la, la*, etc. — Les danses continuent. Le duc de Palzy a compris le sens de la ronde de Babylas, il paraît inquiet. Alexina, qui s'est levée précipitamment à l'avis de Babylas, s'approche de la table du comte, et saisit la coupe placée devant le duc.)

LE COMTE, lui reprenant la coupe.

Que faites-vous, Alexina? Loin de chercher à l'enlever, songez plutôt à la remplir.

(Le mouvement du comte fait tourner le dessus de la table, de manière que la coupe du comte de Sorento se trouve placée devant le duc de Palzy qui s'en empare. Alexina s'apercevant de l'échange, prend un vase d'or et remplit les coupes, en exprimant sa joie de voir le comte lui tendre celle qu'il lui a retirée des mains.)

BABYLAS, à part.

O bonheur! c'est le comte de Sorento lui-même qui tient la coupe empoisonnée.

LE COMTE.

J'avais promis un vase d'or au chasseur le plus adroit. Le vainqueur du tigre, mon généreux défenseur, a des droits certains à cette récompense (*avec intention, en regardant Lorenzo*), et la coupe qu'il tient à la main est le prix que lui doit ma reconnaissance.

BABYLAS, à part.

Le proverbe a raison : A qui mal veut, mal arrive.

LE DUC.

Comte de Sorento, vous voyant attaqué, poursuivi, sans défense, l'humanité me disait de voler à votre secours, et je dus obéir à sa voix; mais jusqu'à ce moment, mon adresse à manier l'épée vous est encore inconnue, permettez-moi de la faire paraître à vos yeux, en m'accordant l'honneur de figurer au tournoi avec l'un de ces illustres chevaliers.

(Sur un signe du comte, Lorenzo se lève.)

LE COMTE.

Lorenzo accepte le défi. Nobles adversaires, à l'exemple des anciens preux, portez avant le combat un toast à l'honneur, à la gloire de votre patrie !

(Il donne la coupe à Lorenzo.)

LE DUC, regardant Alexina.

Et à la bonté des femmes.

(Lorenzo prend la coupe que lui a offerte le comte, et la vide en examinant le duc de Palzy, qui vide également la sienne. Une horrible satisfaction se lit dans les yeux du comte et de son confident.)

BABYLAS, le faisant remarquer à Alexina.

Rira bien qui rira le dernier.

(TOURNOI. — Le combat s'engage. Les effets du poison agissent bientôt sur Lorenzo, qui se bat en s'efforçant de dissimuler ses souffrances. Enfin vaincu par la douleur, il tombe sans vie aux pieds du duc de Palzy. — Terreur générale.)

LE COMTE.

Tous ses traits portent l'empreinte d'une mort violente. (*A part.*) Me serais-je trompé de coupe ? (*Haut.*) Nous ne pouvons en douter, le poison a tranché sa vie. (*Il regarde Alexina qui jouit de son trouble.*) Perfide Alexina, cette coupe m'était destinée; ta main coupable l'a remplie, un breuvage empoisonné a porté le trépas dans le sein du malheureux Lorenzo, et ce poignard doit le venger.

(Il veut se précipiter sur Alexina.)

LE DUC, arrêtant le comte de Sorento.

Que faites-vous, seigneur? Ne songez-vous plus que j'ai partagé ce breuvage, et qu'à mon tour, s'il contenait la mort, je pourrais concevoir d'étranges soupçons. Qu'a fait cette malheureuse, qu'obéir à votre ordre, qui lui enjoignait de remplir nos coupes ? Sa démarche, ses traits, sa tranquillité, tout m'assure qu'elle n'est pas, qu'elle ne saurait être criminelle; et si quelqu'un veut ici prétendre le contraire, qu'il se présente, et mon épée soutiendra l'innocence de celle que vous osez accuser.

LE COMTE.

Et c'est dans mon palais qu'on s'oppose à mes volontés ! Chevalier, si je ne vous devais la vie !...

LE DUC.

Je vous dégage de la reconnaissance. Accuser une femme ! la douceur et non le crime fut toujours l'apanage de son sexe. Gloire, amour, noblesse et vertus, nous devons tout à la femme, et lui consacrer son bras, c'est prouver qu'on est digne de porter les armes.

(Une partie des seigneurs, amis du comte de Sorento, se range du côté du duc de Palzy, Alexina le regarde avec ivresse.)

LE COMTE.

Qu'elle soit conduite dans son appartement. Chevaliers, vous veillerez dans les galeries qui l'environnent, et demain le soleil se lèvera pour éclairer (*au duc*) votre défaite (*montrant Alexina*) et sa juste punition.

LE DUC.

Elle est innocente, je le répète encore. Les crimes sont rares chez un sexe que nous devons chérir et respecter. (*Le comte de Sorento fait un mouvement.*) Oui, comte de Sorento, et l'humanité s'en applaudit; si les malheurs de votre famille vous ont appris que des femmes pouvaient devenir criminelles, la vérité vous crie par ma bouche, toutes les femmes ne sont point des duchesses de Palzy.

BABYLAS, bas au duc.

Duc de Palzy, ne calomniez pas votre mère.

(Le duc de Palzy reste frappé d'étonnement. Alexina, aux derniers mots prononcés par le duc, tombe dans les bras de Léonarda. Le comte de Sorento jouit de sa douleur. Albano et les chevaliers se parlent avec vivacité.)

FIN DU DEUXIÈME TABLEAU.

TROISIÈME TABLEAU.

Le théâtre représente une riche galerie du château de Sorento, éclairée par des lampes. Dans le fond, une draperie sépare la galerie de l'appartement d'Alexina.

SCÈNE PREMIÈRE.

BABYLAS, LÉONARDA, GONZALVO, PIÉTRO, JULIO, VILLAGEOIS, assis près d'une table.

BABYLAS, se levant.

La nuit s'avance, et si j' vous avais quitté, la peur des uns, les bâillemens des autres, vous l'auraient fait paraître plus longue. Heureusement dame Léonarda et moi nous étions là ; et grâce au vin qu'elle nous a versé, et à la gaîté de mes couplets, demain est devenu aujourd'hui sans que nous nous en soyons aperçus. Du vin et des chansons, mes amis, c'est le remède universel.

AIR de la *Mauvaise langue*.

Jamais je n'ai pris leçon
D' la douleur ou d' la tristesse ;
Que l'une ou l'autre paraisse,
Je lui dis d' quitter la maison.
Dans l' tic tac d'un flacon,
Dans le r'frain d'une chanson,
Je puise ma raison.
Quand viendra l' terme de ma vie,
Faisant joyeus'ment mon paquet,
J' prétends, si la mort m'y convie,
Faire honneur à son noir banquet.
J' dirai, pliant bagage,
Bonsoir au monde entier;
Et pour le grand voyage
N'ayant rien à payer,

Je n' m'inquiéterai pas si je ferai la route à pied, à cheval, en voiture ; si les auberges sont bonnes, le vin frais et les filles jolies, car j'ai de la philosophie, et puis d'ailleurs,

Jamais je n'ai pris leçon
D' la douleur ou d' la tristesse,
Que j' les voie, et j' dirai sans cesse :
Mesdames, partez pour raison,
Un bouchon,
Un flacon,
Un flonflon,
Un' chanson,
V'là l's amis d' la maison.

(Léonarda pendant ce couplet écoute au fond du théâtre.)

BABYLAS.

On n'entend rien, pas vrai, dame Léonarda ? c'est qu'elle dort..... et le sommeil de madame Alexina annonce une innocence (*à part*) dont les tablettes du comte de Sorento sont la preuve évidente. (*Haut.*) Dites donc, les amis, savez-vous qu'il est furieusement méchant notre maître, d'accuser ainsi cette bonne muette ? En attendant Lorenzo est mort, et sa place va devenir la récompense d'un autre.... Si je me mettais sur les rangs pour le remplacer ? hein ? ça s'rait gentil. Vous riez ? Eh bien, c'est décidé, je demanderai cette place, je l'obtiendrai ; et comme je deviendrai un grand personnage vous n' m' appellerez plus : Petit. Imite-moi, Gonzalvo, pousse-toi, mon garçon, pousse-toi.

Air : *J'ai de l'argent.* (de l'Ami intime.)

Faut grandir, (*Bis.*)
C' n'est pas l' tout que d' s'arrondir,
Le désir
D' réussir
Change la peine en plaisir.
C'est l'air qui forme le son,
Le fretin devient poisson,
Le chêne sort d'un buisson.
Et que nous dit Alisson ?
Faut grandir, etc.

Occupés de l'avenir,
Grands, qui voulez vous maint'nir ;
Petits, jaloux d' parvenir ;
Jeunes gens qu'on vient d'unir,
Faut grandir, etc.

(Léonarda est occupée de nouveau à regarder au moyen de quelques fentes, dans l'appartement d'Alexina, situé derrière la galerie, elle fait signe à Babylas d'y venir.)

BABYLAS.

Qu'y a-t-il encore ? Voyons.

(Il va regarder ainsi que les autres villageois.)

SCÈNE II.

Les Précédens, LE DUC DE PALZY, Chevaliers.

LE DUC.

Le soleil commence à paraître, chevaliers, puisse-t-il éclairer le triomphe d'une femme dont l'innocence me semble certaine (*à part*) et porter la lumière dans mon cœur. (*Haut.*) Que fais-tu là, Babylas?

BABYLAS, descendant la scène.

Ma foi, seigneur chevalier, mes camarades et moi nous regardions cette bonne dame Alexina, que nous croyions endormie, et qui travaille.......

LE DUC, l'interrompant.

Elle travaille?

BABYLAS.

J' vous en réponds. N'ayant pour société que ses pinceaux et des couleurs, elle a profité de la nuit pour couvrir ce panneau mouvant, qui donne entrée dans son appartement, d'un nouvel ouvrage ; c'est au moins le vingtième tableau que nous lui avons vu faire, et je dis que s'il ressemble aux autres... (*Bas.*) Avez-vous besoin de moi, monsieur le duc ?

LE DUC, bas à Babylas.

Malheureux, cesse de me donner ce titre, ou dis-moi toute la vérité.

BABYLAS, de même.

Le temps n'est pas encore venu.

LE DUC, de même.

Si tu savais dans quel trouble me plongent tes demi-confidences!

BABYLAS, bas au duc.

Ça se dissipera.

LE DUC, bas à Babylas.

A ta voix peut-être.

BABYLAS, de même.

Comme vous dites.

LE DUC, de même.

Moi duc de Palzy ?

BABYLAS, de même.

Tout comme un autre.

LE DUC, de même.

Et la preuve ?

BABYLAS, de même.

Vous l'aurez.

LE DUC, de même.

C'est la France qui vit mes premiers jeux, n'est-ce donc pas en France que j'ai reçu le jour ?

BABYLAS, de même.

Ça s' peut encore.

LE DUC, de même.

Cependant ?...

BABYLAS.

Rien ne forme comme les voyages, et le vôtre, chevalier, vous aura fait du bien.

AIR : *Dans un castel, dame de haut lignage.*

De vos vertus et de votre vaillance,
Nul n'est surpris; guerriers et troubadours
Ont pour devise, au beau pays de France,
Le Roi, l'Honneur, la Gloire et les Amours.
D'un noir complot vous briserez les trames,
Et, d'une femme illustre chevalier,
Vous prouverez qu'on respecte les dames,
Dans le pays où fleurit un laurier.

LE DUC.

Chevaliers, c'est au lever du soleil que mon épée doit soutenir l'innocence de la malheureuse Alexina; la noble courtoisie que je vois briller en vous, et la loyauté de vos actions, m'assurent que, daignant veiller vous-même à la sûretéde la dame dont j'ai entrepris la défense, vous m'accorderez quelques instans de solitude pour me recueillir et me préparer au combat.

BABYLAS, bas au duc.

Duc de Palzy, vous ne vous battrez pas, et convaincu de l'innocence d'Alexina, vous vous garderez d'oublier que la duchesse votre mère eut le même accusateur.

(Lec chevaliers se retirent en renouvelant au duc l'assurance de leur estime. Babylas emmène Léonarda, Gonzalvo et les villageois.)

SCÈNE III.

LE DUC DE PALZY, *seul.*

Incertitude affreuse! dois-je en croire les rapports de ce jeune villageois, et suis-je bien le duc de Palzy? Mon père, privé du jour par une infâme trahison, tomba-t-il sous les coups de sa criminelle épouse? Moi-même, dévoué à la mort par une mère dénaturée, n'ai-je dû qu'à l'intérêt inspiré par l'enfance et à la pitié de son complice la conservation d'une vie qui me devient un fardeau? Le comte de Sorento serait-il réellement un des artisans de ma perte et des malheurs assemblés sur ma tête? Cette connaissance de ma famille qu'il paraît posséder, ses regards scrutateurs, ses discours, ses interrogatoires, la défense formelle que cette femme me faisait de paraître devant lui, l'ordre de venir le trouver que mon père adoptif m'imposa à son lit de mort, l'empoisonnement de Lorenzo, les circonstances qui l'ont précédé, la fureur du comte de Sorento, mon sang qui bouillonne à sa vue, tout ne me dit-il pas que j'étais la victime qu'il voulait s'immoler, tout ne répète-t-il pas à mon oreille ce cri terrible : « Tes biens, ton rang, ta famille, tu as » tout perdu; regarde, duc de Palzy, regarde, voilà l'usurpa» teur, voilà le meurtrier! » Et mon épée ne se plongerait pas dans ton sein! Et j'osai profaner le nom de ma mère en l'associant à tes crimes! Ah! pardonne, pardonne, toi qui fus si calomnieusement outragée. Ma mère coupable! et j'ai pu le croire? Non, son cœur doit être, il est l'asile de toutes les vertus.

SCÈNE IV.

ALEXINA, LE DUC DE PALZY.

(Le panneau du fond tourne, Alexina paraît, s'avance près du duc de Palzy, et l'écoute avec intérêt.)

LE DUC.

Pourquoi tarder encore à m'en assurer? Cette lettre confiée à ma foi, et que je ne dois ouvrir qu'après avoir retrouvé ma mère, quel motif m'empêcherait de la lire, maintenant que je sais tenir l'existence de la duchesse de Palzy? Je pourrais dissiper mes doutes, et j'hésiterais encore? Non, non.

(Le duc ouvre la lettre, Alexina s'approche davantage.)

LE DUC, lisant.

« Vos malheurs doivent leur origine à la vertu de votre » mère et à l'amour funeste qu'elle inspira au comte de Sorento. » Il est instruit de votre existence; puisse-t-il, duc de Palzy...» (*Il parle*) On ne m'a point trompé. (*Il lit*) « Puisse-t-il réparer » tous ses crimes en vous rendant votre rang, vos biens, et la » malheureuse duchesse, dont je dois en mourant proclamer » l'innocence. » ALBÉRIC.

O bonheur! ma mère est justifiée.

(Alexina arrache la lettre des mains du duc, la presse sur son cœur, la mouille de ses larmes, se prosterne pour remercier le ciel.)

LE DUC.

Que faites-vous, madame, et qui vous amène près de moi? d'où proviennent vos transports? quelle est la cause de vos pleurs? auriez-vous connu ma mère?

(*Si je l'ai connue!* semble lui dire Alexina. Elle s'avance alors vers le panneau qui communique à son appartement, et le fait tourner en totalité. On aperçoit un tableau représentant une femme vêtue de noir, à laquelle un homme richement habillé arrache la langue.)

LE DUC, reculant épouvanté.

Quelle horreur! et le nom de cette infortunée?

(Alexina fait tomber un voile qui couvre ces mots placés au-dessus du tableau: *La duchesse de Palzy et le comte de Sorento.*)

LE DUC, dans un trouble qui va toujours croissant.

Grands dieux! j'existe encore, et mon œil a vu tant de crimes, et le monstre qui les commit n'est pas rayé du nombre des vivans. Ah! madame, par pitié, par grâce, je l'implore à genoux, qu'un secret qu'il m'importe de connaître me soit enfin dévoilé, instruisez-moi de la retraite de ma mère, guidez mes pas vers elle, que j'expire à ses pieds d'amour, de respect, de douleur, et que ma voix lui fasse entendre le serment de la venger.

(Alexina, se plaçant devant le tableau dans une position semblable à celle de la duchesse de Palzy, fait voir au duc que l'intérieur de sa bouche est privé de langue.)

LE DUC.

O ciel! serait-ce à vous que je devrais le jour?

(Alexina lui tend les bras, le duc s'y précipite.)

LE DUC.

Ma mère! ma mère! c'est la nature qui me criait d'embrasser votre défense.... Sorento, tu as vécu.

SCÈNE V.

LES PRÉCÉDENS, CHEVALIERS, BABYLAS, PIETRO, JULIO, LÉONARDA, GONZALVO, VILLAGEOIS.

LE DUC, montrant Alexina.

Elle est innocente, chevaliers : elle est ma mère, et ce palais est l'asile du crime. Avant qu'il ne s'écroule sur la tête du traître qui l'habite, fuyez, fuyez, mais contemplez son forfait.

(Il leur montre le tableau, terreur générale.)

LE DUC, parcourant le théâtre.

Quelles ténèbres épaisses viennent me dérober la clarté du jour; quels sons lugubres ont frappé mon oreille! mon sang se glace, mon cœur ne bat qu'avec peine, un froid mortel me saisit, je respire un air empoisonné! Sorento, Sorento! viendrais-tu souiller ces lieux de ton horrible présence, en insultant à tes victimes? Parais, monstre, parais, l'heure de la vengeance a sonné, les enfers demandent leur proie, ils m'effraient de leurs cris funèbres.... Ma mère, ma mère, ne vous éloignez point, ou vous me verriez mourir.

(Le duc de Palzy tombe épuisé dans un fauteuil placé au fond du théâtre. Alexina lui prodigue des soins, secondée par Babylas et les autres spectateurs.)

BABYLAS.

L'émotion qu'il vient d'éprouver est l'unique cause de cet évanouissement : un peu de calme, il n'y paraîtra plus... Quel bruit se fait entendre? C'est le comte de Sorento.

(Alexina conjure les chevaliers de dérober le duc aux yeux du comte, et de le défendre si l'on veut attenter à ses jours Tous le promettent, et, se plaçant en ligne transversale, cachent à la fois au comte de Sorento, la vue du duc de Palzy, et celle du tableau.)

SCÈNE VI.

Les Précédens, LE COMTE DE SORENTO, ALBANO, Gardes, Chevaliers, Amis du Comte.

LE COMTE.

Quel est le téméraire qui, bravant ici mes ordres et les droits sacrés de l'hospitalité, vous a permis, madame, l'approche de ces lieux, avant le combat qui doit décider de vos jours? Auriez-vous conçu la coupable pensée de fuir loin de ce palais ? Bannissez ce fol espoir. Votre existence est attachée à la mienne : consentir à me séparer de vous ! jamais. Et quand j'aurai puni le faible adversaire qui se déclare votre champion, mon bras, tout fumant de son sang, viendra vous offrir la couronne, ou donner la mort à tous deux.

LE DUC, se levant.

N'ai-je pas entendu la voix de l'assassin ?

(Alexina court près de son fils.)

LE COMTE.

Quels cris sont venus m'interrompre ?

LE DUC.

Comte de Sorento, qu'as-tu fait de mon père ?

LE COMTE.

Ne te cache pas à mes regards, si tu m'oses interroger.

LE DUC.

Soutiens donc sans frémir ma présence accusatrice, et la vue du plus odieux des forfaits.

(Les chevaliers et les villageois, se rangeant sur les côtés, laissent voir le duc de Palzy soutenant Alexina, et le tableau dans son entier.)

LE COMTE, à part.

Qu'ai-je aperçu, grands dieux! et quel horrible souvenir !

BABYLAS, à part.

Il a pâli.

LE DUC.

Tigre altéré de sang, jouis de ton ouvrage.

LE COMTE.

Insolent, je démens tes discours.

LE DUC.

Démens donc l'aveu d'Albéric !

LE COMTE.

D'Albéric?

LE DUC.

Il devait me frapper, il a sauvé ma vie.

LE COMTE.

Et que me fait l'aveu d'un misérable? Cette femme en est-elle moins criminelle?

BABYLAS.

Votre lettre à Lorenzo atteste son innocence.

LE DUC.

Et le monstre osait l'accuser?

LE COMTE.

Gardes, qu'on le saisisse!

LE DUC.

Peuple! soldats! chevaliers! cet homme est un assassin!

LE COMTE, à ses gardes qui baissent la pointe de leurs épées.

Lâches! vous hésitez? Seul je puis suffire à ma vengeance.

(Il tire un poignard et veut frapper le duc; Albano le désarme.)

LE DUC.

Qu'on s'assure de sa personne, et qu'on l'entraîne loin de ces lieux; sa présence m'épouvantait.

(Le comte de Sorento sort avec Albano et les gardes.)

SCÈNE VII.

LES PRÉCÉDENS, EXCEPTÉ LE COMTE DE SORENTO ET ALBANO.

LE DUC.

Chevaliers! en m'accordant votre estime, vous comblerez mes vœux. (*Aux villageois.*) Mes enfans, Alexina, reconnue pour duchesse de Palzy, ne cessera pas d'être votre protectrice. (*A Babylas.*) Et toi, Babylas, mon cœur n'oubliera jamais que nous te devons la vie, et tu seras toujours notre ami.

BABYLAS, lui baisant la main.

Ah! monseigneur! (*Aux villageois.*) Ami d'un duc! ça vaut mieux que la place de Lorenzo; j' vous disais bien que je deviendrais quelque chose.

AU PUBLIC.

AIR du vaudeville de *la Somnambule*.

Indiscrètes par caractère,
On voit rarement ici-bas
Des femmes qui ne parlent guère,
Des femmes qui ne parlent pas.
Notre muette a besoin d'indulgence,
Daignez, Messieurs, faire valoir ses droits :
Pour peindre sa reconnaissance,
Elle retrouvera la voix.

TABLEAU GÉNÉRAL.

FIN.

Nota. Les Directeurs de Province qui désireront monter cet ouvrage, s'adresseront à M. Clairville, régisseur du théâtre du Luxembourg, rue de Madame, qui leur fera parvenir la mise en scène, la partition et le tableau.

La mise en scène et le tableau. . . . . 25 fr.
La partition . . . . 15 fr.

S'adresser franc de port.